EXPOSITION UNIVERSELLE DE 1867

A PARIS

RAPPORTS DU JURY INTERNATIONAL

PUBLIÉS SOUS LA DIRECTION

DE M. MICHEL CHEVALIER

PRODUITS

DE

L'INDUSTRIE DU CAOUTCHOUC

ET DE LA GUTTA-PERCHA

PAR

M. G. GÉRARD

PARIS

IMPRIMERIE ET LIBRAIRIE ADMINISTRATIVES DE PAUL DUPONT

45, RUE DE GRENELLE-SAINT-HONORÉ, 45

1867

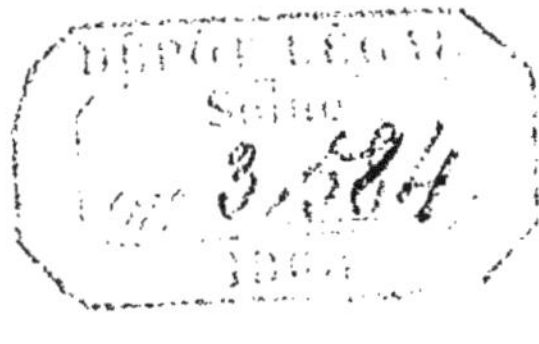

EXPOSITION UNIVERSELLE DE 1867
A PARIS

RAPPORTS DU JURY INTERNATIONAL
PUBLIÉS SOUS LA DIRECTION
DE M. MICHEL CHEVALIER

PRODUITS
DE
L'INDUSTRIE DU CAOUTCHOUC
ET DE LA GUTTA-PERCHA

PAR
M. G. GÉRARD

PARIS
IMPRIMERIE ET LIBRAIRIE ADMINISTRATIVES DE PAUL DUPONT
45, RUE DE GRENELLE-SAINT-HONORÉ, 45

1867

PRODUITS DE L'INDUSTRIE DU CAOUTCHOUC

ET DE LA GUTTA-PERCHA

—

L'industrie du caoutchouc prend chaque année un développement plus grand, les débouchés sont plus considérables, les usines plus nombreuses et par suite la concurrence très-redoutable. Le résultat d'un tel état de choses doit être naturellement une baisse sur le prix des objets vendus, et une amélioration dans leur fabrication et dans leur qualité. L'examen des produits exposés en donne une preuve évidente.

Grâce à l'emploi d'outils ingénieux et à l'économie judicieuse qui a permis d'employer avec avantage des substances rejetées jusqu'alors; grâce enfin à une fabrication soigneuse et attentive, on est arrivé à livrer des produits bons et bien faits à des prix qui doivent être estimés de 25 pour 100 au-dessous de ceux de 1862 ; et cependant la moyenne du prix des caoutchoucs bruts a été plutôt en augmentant.

CHAPITRE I.

MATIÈRES PREMIÈRES.

Les lieux de provenance du caoutchouc sont toujours ceux indiqués, en 1862, par M. Barral, dans son remarquable Rapport de l'Exposition universelle de Londres (1). Une seule espèce, vraiment nouvelle, est parvenue en Europe depuis cette époque : elle est originaire de Madagascar, sa qualité est bonne; mais de petites quantités ont seulement été expédiées, 10 à 15,000 kilogrammes, croyons-nous, et, malgré le bon accueil fait à cette nouvelle nature de caoutchouc, qui a été vendue 4 fr. 50, les envois n'ont pas continué, et à peine en a-t-on vu, depuis la première expédition, quelques rares apparitions dans les ports.

Ce caoutchouc découle d'une espèce de liane qui couvre de très-grands espaces; on fauche tous les ans ou tous les deux ans les pousses nouvelles, qui ont, nous a-t-on dit, une certaine analogie avec celle du houblon ou de la vigne vierge; on attache par poignée ces tiges par leur extrémité supérieure et on les suspend au-dessus d'un vase dans lequel vient se réunir le lait qui coule par la partie tranchée; on chauffe légèrement pour le faire coaguler, et l'on a pour résidu un caoutchouc ressemblant assez, comme aspect extérieur, à celui du Gabon, et contenant une grande quantité d'eau emprisonnée et que l'on peut estimer à environ 30 pour 100 du poids de la masse. Ce caoutchouc, quand on le coupe, présente une section d'un blanc pur, plein d'œils remplis d'eau emprisonnée dans la masse au moment de sa coagulation. On sait, en effet, que 100 parties de lait de caoutchouc pur contiennent, en moyenne, 55 parties d'eau et 45 de caoutchouc proprement dit. Ce caoutchouc fraîchement coupé est, comme nous venons de le dire, d'un très-beau blanc intérieurement ; mais au bout de très-peu de temps d'exposition à l'air, cette tranche passe du blanc au rose bien prononcé ; il est le seul qui, dans les diverses natures de caoutchouc, présente ce singulier phénomène. Sa qualité est nerveuse et donne de bons produits après la vulcanisation. On rencontre néanmoins, dans le milieu de certains morceaux, quelques petites parties poisseuses, semblables à de la résine

(1) Volume XI, pages 149 à 153.

molle ; on trouve, du reste, souvent des petites parties semblables dans des blocs de caoutchouc de Java, et il est très-probable que c'est le produit de l'exsudation d'une liane ou plante analogue qui se trouve mélangée aux autres au moment de la récolte.

Depuis 1862, les prix se sont toujours maintenus, et les espèces les moins bonnes et les moins chères sont arrivées à une valeur très-peu inférieure à celle des belles gommes.

Le gabon, par exemple, qui, à cette époque, ne valait que 1 fr. 50 à 2 francs le kilogramme, est arrivé à 3 francs et 3 fr. 25 ; ce qui, en ajoutant 35 pour 100 pour l'eau qu'il contient, remet cette espèce à plus de 4 francs. La raison de cette hausse de prix vient de ce que l'on est parvenu, en travaillant ce caoutchouc tout frais, à en obtenir d'assez bons produits. Si, au contraire, comme cela a eu lieu dans l'origine, on le laisse d'abord s'égoutter et sécher à l'air, une oxydation particulière se fait à la surface, qui se décompose et coule comme de la mélasse. Mais en revanche, jusqu'à ce jour, on n'a pu le débarrasser complétement de cette odeur repoussante qui lui est particulière et qu'il conserve même après l'opération de la vulcanisation.

Une particularité très-extraordinaire de ce dernier caoutchouc est que son eau de composition, emprisonnée dans la masse au moment de sa coagulation, contient une substance sucrée cristallisable. Il y a sept à huit ans, ayant distillé à feu nu une assez forte partie de gabon, nous fûmes très-surpris de trouver dans le haut de l'appareil une agglomération de petits cristaux souillés d'huile essentielle de caoutchouc. M. Aimé Girard commença à étudier ce singulier corps ; mais après purification leur nombre se trouva malheureusement trop petit pour pouvoir faire un travail complet ; nous avons pu, depuis, lui donner une grande quantité de cette eau ou jus intérieur ; il est parvenu à en retirer une masse assez importante de cristaux dont il a étudié avec soin les diverses propriétés.

Les caoutchoucs de Para, de Java, Carthagène, Madagascar,

Guayaquil, Guatémala et Gabon, sont les seules sortes généralement employées, qui présentent de véritables différences appréciables dans leur nature. Nous les avons rangées dans l'ordre que nous croyons leur appartenir au point de vue de la qualité comme matière première.

La gutta-percha est toujours tirée des Indes et des îles de la mer de Chine; seulement il semble que la qualité de la matière première se soit améliorée, en ce que l'importation est proportionnellement beaucoup plus grande en substance fibreuse qu'en produits à aspects résineux; les différences dans les qualités sont très-importantes au point de vue de la fabrication. Si la matière est fibreuse et coriace, l'on aura une grande présomption sinon la certitude d'obtenir un produit que l'action de l'air et de la lumière ne rendra pas cassant et friable; si, au contraire, la matière est grenue et d'une consistance un peu résineuse, les objets fabriqués avec elle deviendront cassants en très-peu de temps, et s'ils sont minces, ils pourront même se réduire en poudre sans le moindre effort; une odeur aigre et piquante annoncera cette détérioration.

Un produit qui avait figuré à l'Exposition de 1862 et auquel on avait donné le nom de Balata, n'a pas donné les résultats ou tout au moins le développement industriel et commercial espéré, car cette substance ne se trouve pas sur les marchés, et pas un seul produit fait avec elle ne figure à l'Exposition. On fondait cependant de grandes espérances sur son emploi dans la fabrication des câbles sous-marins destinés à la télégraphie. Si cette gomme Balata est employée, c'est probablement d'une manière non désignée, ou bien en mélange non visible, soit avec le caoutchouc, soit avec la gutta-percha.

Cette substance tient le milieu entre ces deux dernières gommes-résines; elle a une certaine élasticité comme le caoutchouc, et elle est raide, nerveuse et facile à ramollir par l'action de la chaleur comme la gutta-percha; mais elle n'a pas l'inconvénient de se détériorer à l'air et à la lumière comme cette dernière, quand elle est de qualité médiocre; en un mot elle joue à peu près le rôle que remplit un mélange intime de gutta et de caoutchouc ; sa couleur est d'un brun rougeâtre.

D'autres substances analogues out été importées en assez grand nombre depuis plusieurs années, mais toutes, plus ou moins, se rapprochent de la nature de la gutta-percha résineuse; la plupart d'entre elles ont le défaut de s'oxyder à l'air, mais toutes se ramollissent et fondent à un degré inférieur à celui que supporte la gutta proprement dite. La vulcanisation ou la combinaison du soufre avec elles n'améliore pas leur qualité ; en effet, comme on le sait, le soufre ne peut se combiner qu'à une température supérieure à celle de sa fusion, 110 degrés ; or, l'expérience a indiqué 125 à 130 degrés comme minimum dans la pratique de cette opération ; à cette température le caoutchouc, s'il s'est légèrement ramolli, a conservé au moins sa nature propre de caoutchouc élastique que la combinaison du soufre vient modifier et améliorer avantageusement ; mais ces diverses gommes-résines fondent bien au-dessous de ce degré de chaleur, et sont, quand elles atteignent cette température, aussi liquides que le serait de la colophane chauffée au même point, mais elles perdent le nerf de leur nature première en devenant coulantes et poisseuses; le soufre, en se combinant alors avec elles, les durcit, il est vrai, mais ne peut leur rendre cette certaine élasticité ou flexibilité qu'elles avaient avant la fusion, et le résultat obtenu est seulement une masse friable assez analogue à une résine ou à un brai sec ordinaire. Si même on mélange l'une d'elles à du caoutchouc, avec la quantité de soufre nécessaire pour la vulcanisation, le produit, qui, avant l'application de la chaleur, est assez raide et résistant, devient mou et sans aucun nerf, après avoir été chauffé.

Après cet aperçu des matières premières nouvelles, j'arrive aux machines et procédés, nouveaux pour la plupart, employés dans la fabrication ou le traitement du caoutchouc. On a pu les voir dans l'exposition de la classe 51.

CHAPITRE II.

OUTILS ET MACHINES.

Les caoutchoucs bruts ne contenant pas de corps étrangers, les poires du Para, par exemple, se vendaient, il y a dix et quinze ans, à un prix tout aussi élevé qu'aujourd'hui ; en revanche, les qualités mélangées de sable, écorce, glaise, etc., étaient d'une valeur trois fois moindre ; un procédé simple et économique de nettoyage n'était pas encore trouvé. Maintenant, si l'on fait abstraction du poids des matières étrangères et d'une somme minime pour les frais de nettoyage, 8 à 10 centimes par kilogramme, on arrive à une égalité de prix à peu près constante entre les gommes brutes les plus pures et les gommes les plus mélangées.

Ce nettoyage s'opère de deux façons différentes.

Pile à papier. — Par le premier et ancien moyen, après avoir ramolli les blocs, plaques ou poires de gomme dans l'eau chaude, on les coupe en menus morceaux de 3 à 5 centimètres de côté, on les jette alors dans la machine bien connue appelée pile, servant à déchirer et à mettre en pâte les chiffons pour la fabrication du papier. Cette machine se compose d'une grande cuve ovale dans un des petits diamètres de laquelle tourne un tambour garni à sa circonférence de lames fixées suivant sa longueur et parallèlement à son axe ; à cet endroit de la cuve le fond affecte une forme concave concentrique à l'axe du tambour et est aussi garnie de lames dans le sens de celles de celui-ci ; les morceaux de caoutchouc entraînés par le courant d'eau que produit le mouvement de rotation du tambour viennent passer sous ce dernier et se trouvent déchirés entre les lames dont il est garni et celles qui sont fixées dans la partie concave du fond de la pile.

La majeure partie du sable, du bois, de la terre, etc., se trouve enlevée, mais le déchirement ne peut être assez complet pour pouvoir arriver à un bon nettoyage ; après ce premier passage à la pile on soumet le caoutchouc à l'action prolongée d'un bain alcalin de soude caustique dans le but d'agir sur le bois, l'écorce, etc., puis on recommence de nouveau l'opération du déchiquetage ; mais si le nettoyage s'est un peu amélioré, il ne peut jamais arriver à être parfait, car la machine est impuissante à réduire le caoutchouc en morceaux assez ténus pour espérer pouvoir dégager les très-petites impuretés qui s'y trouvent emprisonnées ; aussi l'usage en a-t-il été à peu près complétement abandonné pour faire place au déchiqueteur proprement dit. Cet outil n'est pas nouveau, puisque son invention et son installation ont été faites, il y a dix-sept ans environ, par MM. Aubert, Gérard et Cie, dans leur usine à Grenelle. De là, son usage s'est répandu dans les diverses fabriques, où il est généralement employé depuis dix à douze années ; cependant en raison de sa très-grande importance dans la fabrication, nous croyons devoir en faire brièvement la description.

Déchiqueteur. — Cet outil, qui a fonctionné tous les jours, classe 51, dans l'exposition de machines de MM. Aubert, Gérard et Cie, se compose d'une paire de cylindres marchant à inégale vitesse, l'un fait un tour, tandis que l'autre en fait trois. Le caoutchouc, qui a été préalablement coupé en menus morceaux et ramolli dans l'eau chaude, est mis entre ces cylindres serrés à fond, l'un contre l'autre ; il subit un étirage très-violent de la part du cylindre qui marche avec le plus de vitesse ; il en résulte une espèce de broyage qui produit de très-nombreux déchirements dans les morceaux de caoutchouc ; les corps étrangers sont alors facilement entraînés par l'eau qui coule constamment sur la partie supérieure des cylindres ; en passant quatre ou cinq fois de suite le même caoutchouc dans l'appareil, il finit par être déchiré et écrasé dans tous les sens, et les moindres impuretés sont complétement extraites du caoutchouc le plus impur.

Ce caoutchouc, en même temps qu'il est soumis au frottement du glissement des surfaces des deux cylindres qui amènent son déchirement, reçoit de leur part une très-forte compression ; il en résulte que tous les très-petits morceaux provenant de ce déchirement se soudent entre eux par une de leurs parties et forment une espèce de toile ayant l'aspect d'une peau chagrinée qui serait percée d'une quantité infinie de petits trous. On étend sur des cordes ces toiles, et, en raison de leur conformation, elles sèchent très-facilement. Ces toiles de caoutchouc déchiquetées ayant été bien séchées sont mises à l'étuve ou seulement dans un endroit chauffé de manière à rendre le caoutchouc plus souple et plus adhésif à sa surface.

Après cette opération, on le mettait généralement autrefois dans un appareil très-anciennement connu et appelé loup ou diable, sorte de pétrin décrit dans tous les ouvrages qui parlent de la fabrication du caoutchouc. On a récemment remplacé avantageusement le travail du pétrissage fait par le diable par celui de cylindres cannelés ; ce perfectionnement nous est venu d'Amérique.

Cylindres cannelés. — Sur un bâtis en fonte très-solide sont montés deux cylindres en fonte : la table du premier est unie; dans celle du second on a creusé sur toute sa circonférence et parallèlement à son axe des cannelures d'une profondeur d'environ 15 millimètres sur une largeur de 30 ; les angles que leurs bords forment avec la table du cylindre ne sont pas égaux, l'un est obtus, tandis que l'autre est aigu ; c'est celui-ci qui pendant la marche de l'outil arrive le premier au contact du cylindre lisse.

Les deux cylindres sont creux et peuvent être chauffés par une injection de vapeur. Ils marchent avec une vitesse de deux tours pour le cylindre cannelé et un tour pour celui à table unie ; quand on veut bloquer ou travailler les toiles de caoutchouc déchiquetées, ainsi qu'on l'a décrit ci-dessus, on chauffe d'abord les cylindres, puis on met entre eux , peu à peu, la quantité de toile que l'outil peut travailler, 15 kilogrammes pour un outil ordinaire.

On serre progressivement les cylindres, de façon à ne laisser entre eux qu'une distance de quelques millimètres ; la gomme est donc forcée d'entrer constamment dans les cannelures qui viennent se présenter successivement devant la table du cylindre uni, et est en même temps fortement entraînée par l'angle aigu de la cannelure qui vient l'accrocher ; il en résulte un pétrissage continuellement répété, qui, au bout de très-peu de temps, rend la masse de caoutchouc très-homogène. Le travail est plus rapide et beaucoup mieux fait que par l'ancien diable, qui avait, en outre, le grand inconvénient de produire au centre du pain en travail une élévation de température souvent considérable et préjudiciable à la qualité de la matière ; on comprend que l'espèce de galette travaillée par ces cylindres, autour desquels elle est entraînée, conserve toujours une chaleur égale dans sa masse.

Mélangeurs. — La gomme ainsi préparée est livrée au mélangeur proprement dit, dont on a vu un spécimen travailler à l'exposition de MM. Guibal et Cie ; c'est un outil en tout semblable à notre déchiqueteur, à cette différence près que les cylindres sont creux et chauffés par une injection de vapeur. Le caoutchouc, légèrement ramolli par la chaleur et le travail des cylindres, devient un peu pâteux et n'est plus alors réduit en petits morceaux, comme quand il passe à froid et est arrosé d'eau dans les déchiqueteurs ; il se trouve au contraire mollement étiré et supporte une espèce de broyage dans le genre de celui qu'on applique aux couleurs dans leur préparation pour la peinture. On profite de ce ramollissement du caoutchouc pour y introduire le soufre, soit seul, soit additionné des diverses substances nécessaires pour obtenir un caoutchouc vulcanisé, plus ou moins résistant. Il suffit de jeter le soufre sur le pain de caoutchouc pendant qu'il tourne dans ces cylindres mélangeurs, l'incorporation se fait très-facilement et d'une façon très-égale.

Laminage. — Enfin cette gomme travaillée et mélangée est soumise à l'action d'un laminoir chauffé, et tirée en feuilles ; c'est au moyen de ces feuilles que sont confectionnés presque tous les objets que comporte l'industrie du caoutchouc.

MM. Guibal et Cie avaient exposé une calandre-laminoir servant à la fabrication de ces feuilles.

CHAPITRE III.

FABRICATIONS SPÉCIALES.

Presse à vulcaniser et fabrication des courroies. — En 1862, l'usage des courroies en caoutchouc commençait à se répandre en Angleterre, et l'on en voyait déjà un grand nombre fonctionner sur les machines exposées ; ce sont les Américains qui ont donné la vogue à ce produit en modifiant le mode de vulcanisation.

Les courroies de caoutchouc (d'une fabrication antérieure à cette époque) avaient été essayées depuis bien longtemps, mais l'expérience avait démontré qu'elles étaient très-inférieures au cuir. Ces courroies sont, comme on le sait, formées de toiles de coton ou de chanvre, enduites de caoutchouc et collées de la manière la plus intime les unes sur les autres jusqu'à épaisseur voulue ; pour plus de solidité, on cousait même ensemble toutes ces différentes toiles une fois collées. Jusqu'à ce point de la fabrication, rien n'est changé pour ainsi dire, et l'on agit à peu près de la même manière ; mais le procédé employé pour la vulcanisation est tout autre, et de là seul provient la bonté du produit nouveau.

Après la confection proprement dite de la courroie, on l'enroulait le plus fortement possible sur elle-même autour d'un tambour en tôle, et, après avoir placé le tout dans une chaudière, on le soumettait à l'action de la vapeur pour opérer la vulcanisation ; il résultait de graves inconvénients de cette façon d'opérer : la pression tendait à faire pénétrer la vapeur dans l'intérieur de la courroie, ce qui empêchait l'adhérence des toiles ; la capillarité de son côté faisait pomper l'humidité par chacun des fils des tissus, et il en résultait que le caoutchouc lui-même ne se collait, au moment de la vulcanisation, que très-imparfaitement sur cette toile humide. L'on conçoit que dans ces conditions la courroie ne présentait pas d'homogénéité dans ses différentes parties et ne résistait que peu de temps aux efforts du travail qu'elle avait à supporter. Le procédé actuel de vulcanisation a changé tout à fait la nature de la courroie ; ses diverses parties ne forment plus maintenant en quelque sorte qu'un seul corps. Cette vulcanisation se fait par la chaleur sèche au moyen de presses très-puissantes chauffées par un courant de vapeur ; un manomètre indique sa tension et, par suite, la chaleur qu'elles peuvent communiquer au contact. C'est sous ces presses qu'on place les moules en fer ou fonte de fer, dans lesquels les courroies doivent être vulcanisées.

Elles sont formées de deux grandes tables en fonte, à double fond, garnies de très-fortes nervures pour empêcher toute flexion ; elles ont toutes les deux une de leur surface parfaitement dressée à la raboteuse. L'une de ces tables est fixée solidement sur le sol, sa partie rabotée en dessus, elle est reliée à des colonnes et châssis, qui servent à soutenir les écrous, vis et autres pièces du système destiné à faire lever et descendre l'autre table, qui se trouve placée, ayant sa partie rabotée en dessous, exactement au-dessus de la première table scellée au sol.

Voici quelques renseignements sur les dimensions et forces des presses à vulcaniser, employées dans les fabriques de MM. Aubert, Gérard et Cie, et servant à faire des tapis, courroies, plaques lisses, etc. Longueur des tables 3[m]50, largeur, 1m20, hauteur ou épaisseur 70 centimètres, pression facilement obtenue sans flexion aucune 700,000 kilogrammes. Cette maison occupe journellement dans ses deux usines six grandes presses et trois petites.

L'installation exceptionnelle de ces presses comme force, permet d'obtenir des creux et des reliefs considérables dans leur fabrication de tapis ; dans la vulcanisation des courroies, ainsi que je vais l'expliquer, elles font pénétrer le caoutchouc avec la plus grande énergie dans les moindres interstices de la toile.

Pour rendre plus claire l'explication et la description des moules en fer ou fonte de fer, nous supposerons que l'on ait à vulcaniser une courroie de 100 millimètres de largeur sur 10 millimètres d'épaisseur : on prendra pour faire le moule une bande de fer d'une longueur appropriée à la presse à vulcaniser (3 mètres sont une longueur ordinaire) et d'une épaisseur de 26 millimètres, sa largeur extérieure sera de 140 millimètres. On la creusera dans le sens de sa longueur au moyen de la machine à raboter, sur une largeur de 100 millimètres et une profondeur de 15 millimètres ; il restera donc de chaque côté deux rebords de 20 millimètres de largeur, ce qui donnera la partie creuse du moule dans laquelle on mettra la courroie préparée comme il est dit plus haut ; pour opérer la pression on aura une bande de fer rabotée avec soin, d'une longueur égale au moule creux, une largeur de 100 millimètres et une épaisseur de 20 millimètres ; on placera cette bande sur la courroie, elle entrera par conséquent dans le moule creux et sera maintenue par les deux joues de ce dernier ; on placera alors le tout sur le plateau inférieur de la presse, et l'on fera descendre la partie supérieure, de façon à exercer une pression très-énergique. L'on comprend facilement que la plaque du moule viendra alors comprimer fortement la courroie et en rapprochera toutes les parties de la façon la plus intime. La chaleur donnée aux deux plateaux par l'injection de vapeur viendra se communiquer d'abord au moule, puis à la courroie et amènera la vulcanisation de cette dernière. Cette première opération terminée, on relèvera le plateau de la presse, on enlèvera la bande de fer formant la partie supérieure du moule, puis on sortira la portion de la courroie vulcanisée, on tirera sur cette dernière et on replacera dans le moule les trois mètres suivants non vulcanisés, en laissant dans le bout du moule quelques centimètres de l'extrémité de la première partie vulcanisée, pour que le point de jonction des deux vulcanisations soit dissimulé, et l'on recommencera l'opération précédente. On peut donc faire par ce moyen des courroies d'une longueur illimitée ; quant à leur qualité, elle est infiniment supérieure à celle des anciennes courroies vulcanisées à la chaudière. En effet, il ne peut plus y avoir trace d'humidité dans les fils de la toile, puisqu'ils ne sont plus en contact avec la vapeur, et la pression considérable à laquelle ils sont soumis dans le moule au moment de la vulcanisation, leur donne une homogénéité impossible à obtenir par l'ancien mode de vulcanisation.

Ces courroies ont de grands avantages sur celles en cuir. Elles sont toujours droites et ne font jamais le serpent comme ces dernières, quelle que soit la tension qu'elles aient à supporter. Leur résistance à la traction éprouvée au dynamomètre est, à section égale, supérieure à celle du cuir; elles sont insensibles aux variations de l'atmosphère, sécheresse et humidité, et, une fois tendues à leur point, elles ne s'allongent pas indéfiniment comme le cuir ; enfin, et c'est en partie le point important, elles sont moins chères que celui-ci et durent plus longtemps ; cette différence est surtout très-sensible pour les très-fortes courroies ayant à transmettre de puissants efforts.

MM. Aubert, Gérard et Cie ont joint à leur exposition, section des machines, une petite presse avec les accessoires nécessaires à la fabrication des courroies.

Semelles en caoutchouc imitant le cuir. — Les semelles en

caoutchouc doivent, nous le croyons, occuper la première place parmi les produits nouveaux, car il est assez probable qu'elles sont appelées, dans un avenir très-prochain, à remplacer en grande partie les semelles de cuir. Elles ont, en effet, sur ces dernières de nombreux avantages : une durée plus grande, une complète imperméabilité, un prix de revient moindre et, pour les semelles épaisses surtout, une solidité qu'il est impossible au cuir d'atteindre, puisque ces dernières sont toujours obtenues par la réunion de plusieurs morceaux, tandis que celles de caoutchouc, y compris le talon, sont faites d'une seule et unique matière complétement homogène. La dureté et la résistance de leur composition sont analogues à celle du cuir, avec lequel on peut les confondre au premier aperçu ; elles peuvent être clouées, cousues et vissées comme le cuir ; elles ont certains avantages particuliers qui sont propres à leur nature : en raison du peu de conductibilité du caoutchouc pour la chaleur, elles empêchent le froid du sol de se communiquer à la plante des pieds; si l'on fait l'expérience comparativement avec une semelle de cuir de même épaisseur, on est surpris de la différence, et si le temps est pluvieux cette différence devient alors tout à fait extraordinaire; le cuir s'imprégnant d'humidité devient d'autant meilleur conducteur et le froid de la terre arrive d'autant plus vite aux pieds; d'un autre côté, elles peuvent supporter une application de chaleur assez forte sans la moindre détérioration. Le cuir, soumis à une température dépassant 100 degrés, se racornit, se durcit, se casse, en un mot est brûlé ; la semelle de caoutchouc supporte jusqu'à 180 degrés de chaleur sans aucune altération; cette propriété lui assure encore une durée plus grande qu'aux semelles de cuir, car combien de ces dernières sont mises hors de service pour avoir été, dans les temps froids, présentées sans précaution devant un feu un peu vif!

La masse qui les compose est formée de caoutchouc mélangé de matières filamenteuses pour lui donner moins d'élasticité et plus de tenacité, et d'une quantité plus ou moins grande de soufre, suivant que l'on désire obtenir, après la vulcanisation, une semelle plus ou moins dure. La fabrication proprement dite est assez simple. Le mélange du caoutchouc et des diverses substances étant fait à l'aide des cylindres mélangeurs en usage, on le tire en feuille sans fin d'environ un millimètre d'épaisseur entre des cylindres lamineurs chauffés. Cette feuille est alors coupée en grands carrés ayant pour dimension la largeur initiale de la feuille. Ces carrés sont posés les uns sur les autres jusqu'à épaisseur voulue pour le genre de semelles ; seulement les feuilles paires 2, 4, 6, etc., sont placées dans le sens du laminage, tandis que les feuilles impaires le sont en travers. En voici le motif : lors du laminage, la masse du pain de caoutchouc mélangé se trouve entraînée très-fortement par l'adhésion qu'elle contracte avec les surfaces des deux cylindres ; mais, comme en raison du rapprochement de ces derniers, une très-faible partie passe au moment du laminage, la presque totalité se trouve donc constamment repoussée en arrière ; il en résulte que toutes les substances fibreuses et filamenteuses qui nagent en quelque sorte dans cette masse constamment étirée dans le même sens, arrivent elles-mêmes à se trouver placées parallèlement les unes aux autres, leur axe étant naturellement tourné dans la direction du laminage. Si donc on ne croisait pas ces feuilles, de manière à croiser aussi les matières fibreuses, on obtiendrait une semelle d'une nature inégale, très-raide dans un sens et facile à plier dans l'autre.

Ces différentes feuilles ayant été superposées jusqu'à ce ce qu'elles soient arrivées à donner l'épaisseur voulue pour le genre des semelles que l'on veut produire, on les découpe au moyen d'emporte-pièces de grandeurs variées ; on obtient ainsi une semelle plate sans talon et d'une égale épaisseur dans toutes ses parties. Un talon est aussi découpé au moyen d'un emporte-pièces et collé à l'aide d'un peu de dissolution ; on a ainsi des semelles garnies de leurs talons, mais d'une forme assez grossière; un morceau de très-forte toile est généralement appliqué sur leur partie intérieure; on augmente par ce moyen la solidité de la couture ou du vissage, surtout pour les semelles minces. En cet état, on les place sur des tables en fer chauffées par une injection de vapeur, afin de les ramollir et de faciliter l'opération du moulage. Les moules sont en fonte de fer et formés de deux pièces principales qui s'appliquent exactement l'une sur l'autre; ils sont travaillés et polis avec soin, de façon à donner à la semelle une forme aussi parfaite que possible. Après les avoir fait chauffer de leur côté sur les tables à vapeur, on place dans leur intérieur la semelle ramollie, puis on les serre peu à peu au moyen de plaques boulonnées jusqu'à ce que leurs deux parties arrivent à se joindre; l'excédant de matière donné à la semelle pour faciliter un bon moulage, sort peu à peu entre le joint des moules pendant le serrage gradué qu'on leur fait subir. Ces derniers sont alors enfermés dans une chaudière et chauffés, au moyen d'une introduction de vapeur, à 3 atmosphères de pression pendant une heure et demie. Après cette opération, qui constitue la vulcanisation, on retire les semelles, qui n'ont plus besoin que d'être légèrement ébarbées au bord qui correspond au joint du moule.

MM. Aubert, Gérard et Cie, inventeurs de ce nouveau produit breveté, sont en mesure de fabriquer dans leur usine de Paris environ 2,000 paires de ces semelles par jour, et dans celle de Harbourg (Prusse) 8,000 paires; leur installation leur permettra, si le besoin l'exige, de doubler cette production.

Les essais déjà nombreux ont démontré de la manière la plus positive l'excellence de cette nouvelle application du caoutchouc. On a vu dans la classe 51, section des machines, à leur exposition, tout le matériel propre à cette fabrication, consistant en moules, presses, table à vapeur et chaudière à vulcaniser.

Machines à couper les feuilles de caoutchouc en fils non séparés de leurs deux extrémités. — On a pu voir marcher, classe 51, à l'exposition de MM. Aubert, Gérard et Cie, une machine coupant en fils une feuille de caoutchouc sans séparer ces fils à ses deux extrémités. Cette machine se compose d'un arbre en fer ou acier monté sur pointe et pouvant faire 2,000 tours par minute ; sur cet arbre sont enfilées des lames circulaires en acier ayant un diamètre extérieur de 70 millimètres et une épaisseur de un dixième de millimètre ; ces lames sont séparées par des rondelles ou entre-lames dont l'épaisseur varie suivant la grosseur des fils à couper, et dont le diamètre est de 5 à 10 millimètres plus petit que celui des lames minces tranchantes ; tout cet ensemble de lames et entre-lames est vigoureusement serré au moyen d'un écrou ajusté sur le bout de l'arbre qui est fileté. Au-dessous de l'arbre porte-lame, parallèlement à lui et touchant à la circonférence des lames, se trouve un petit cylindre dont la surface est garnie de caoutchouc demi-dur ou d'étain ; il est ajusté de façon à pouvoir s'éloigner de quelques millimètres de l'arbre porte-lame et s'en rapprocher assez pour toucher le bord des lames. En éloignant ce cylindre des lames on peut glisser l'extrémité de la feuille de caoutchouc, si l'on fait alors tourner ces lames, et qu'ensuite on rapproche le petit cylindre jusqu'à ce qu'il vienne en contact de ces dernières, la feuille de caoutchouc qui se trouve entre deux sera coupée nécessairement en autant de fils qu'il y aura de lames ; si, par un système d'entraînement, trop long à détailler dans cette rapide description, on fait avancer cette feuille de caoutchouc, il en résultera que la coupure se continuera dans la longueur, en formant des fils de la plus grande régularité et dont le parallélisme sera parfait. Enfin quelques centimètres avant le bout de la feuille, si on éloigne tout à coup le petit cylindre, la feuille cessera d'être coupée et formera une lisière ou chef qui tiendra tous les fils réunis par leur extrémité ; cette propriété est précieuse pour les tisseurs qui trouvent ainsi, sans perte, des chaînes toutes faites avec des fils d'une grande régularité. Cette machine, en plus de cette propriété remarquable de couper des fils non séparés à leurs extrémités, fait dans le même espace de temps, un travail égal à celui de douze machines anglaises à couper. C'est donc encore une grande économie dans le travail.

Obturateurs pour les fusils Chassepot. — Une application toute nouvelle et pleine d'actualité est celle du caoutchouc à l'obturation des nouveaux fusils de guerre se chargeant par la culasse et auxquels M. Chassepot a donné son nom. Le fusil à aiguille prussien dont on a tant parlé, souvent sans le connaître, ne possède qu'une fermeture très-imparfaite. Sans avoir l'intention d'entrer dans la description de ces armes, je crois utile d'indiquer brièvement le principe de la fermeture de leur culasse pour faire comprendre l'importance du rôle que joue le caoutchouc dans nos nouvelles armes. Dans le fusil prussien, la partie légèrement conique qui termine son verrou mobile portant l'aiguille, vient seulement s'appuyer sur le bas du canon ajusté aussi d'une façon légèrement conique, il est maintenu dans cette position par une poignée qui vient faire embrayage en entrant dans une encoche ménagée dans le canon. Ce mode d'obturation, quelque soin qu'on puisse avoir mis dans son exécution première, devient illusoire quand l'arme a tiré un certain nombre de coups ; en effet, l'énorme effort de recul que chaque explosion de la poudre applique au verrou vient donner du jeu à cette pièce de fermeture, à tel point qu'au bout d'un certain temps il n'est plus possible au soldat prussien de tirer en mettant le fusil à l'épaule, il se brûlerait infailliblement la figure.

Dans le fusil Chassepot, le verrou dont l'extrémité est garnie d'une petite rondelle en caoutchouc appelée obturateur, entre librement dans l'intérieur de la culasse du canon ; au moment de la détonation, l'expansion de la poudre vient faire pression et sur la balle qu'elle doit chasser et sur la rondelle de caoutchouc qu'elle tend à aplatir. En s'aplatissant, cette rondelle doit nécessairement augmenter de diamètre, mais comme elle se trouve dans l'intérieur du canon, elle ne peut le faire que d'une manière presque insensible, car elle rencontre immédiatement la paroi intérieure de ce dernier contre laquelle elle est appuyée avec une force si grande qu'elle empêche l'échappement de la moindre trace de gaz.

Après de nombreux essais, MM. Aubert, Gérard et Cie sont arrivés à faire des rondelles obturateurs remplissant complétement le but cherché, c'est-à-dire pouvant tirer deux mille coups sans détérioration sensible et empêchant toute déperdition de gaz ; pour obtenir ce résultat, ils ont composé la petite rondelle de cinq couches de caoutchouc différentes : la première et la cinquième, formant le dessus et le dessous, placées suivant un plan perpendiculaire à son axe, sont faites en caoutchouc, d'une dureté presque égale à celle de la baleine, l'épaisseur de chacune d'elles est d'un millimètre, la seconde et la quatrième ont également 1 millimètre d'épaisseur et une dureté moindre qui est semblable à celle d'un cuir un peu ferme ; la troisième couche enfin, celle qui occupe le centre, a 6 millimètres d'épaisseur et est formée par un caoutchouc souple, mais cependant très-nerveux et résistant.

Les différentes duretés sont obtenues par une quantité de soufre plus ou moins grande mélangée au caoutchouc, mais il faut, bien entendu, appliquer une chaleur assez forte pour obtenir la vulcanisation et, par suite, le durcissement. Or, il arrive qu'au moment où la chaleur commence à faire fondre le soufre mélangé au caoutchouc, un échange se fait entre les surfaces en contact des différentes couches, celle qui en contient le plus en cède une partie à celle qui en a moins, et il en résulte qu'aucune ligne de démarcation ne peut se voir ni avoir lieu entre ces différentes couches, une fois l'opération de la vulcanisation terminée. L'obturateur est donc une petite rondelle d'une seule et même nature, devenant progressivement plus dure vers ses deux extrémités.

Cette progression de résistance du caoutchouc fait que, lors de l'inflammation de la poudre et de l'écrasement de l'obturateur, son application se fait graduellement contre la paroi intérieure du canon sans crainte de déchirure sur les angles, et sans redouter le contact du feu qui, s'il agissait sur la partie souple, la brûlerait et la fondrait légèrement. Le mélange et la composition spéciale n'ont, du reste, été obtenus qu'après de nombreux essais.

Des machines très-ingénieuses faites par MM. Aubert, Gérard et Cie, découpent, tournent et polissent ces petites rondelles avec une régularité tellement parfaite que sur des livraisons montant à ce jour à plus de 900,000, pas une n'a été refusée par l'administration de la guerre dont les industriels sont les seuls fournisseurs. Or, on saura que chacune de ces rondelles ne doit pas varier d'un dixième de millimètre sur les quatre dimensions qui sont imposées.

Moulages. — Comme nouveauté, deux choses remarquables ont vivement attiré l'attention des nombreux visiteurs de l'Exposition : ce sont d'abord les moulages en caoutchouc durci d'objets d'arts, médailles, nature morte ou vivante, qui reproduisent avec la finesse et la netteté la plus remarquable les moindres détails du modèle ; ensuite, la fabrication en caoutchouc durci, imitant le jaspe et les marbres les plus variés, d'objets de toutes formes et de très-grandes dimensions, pouvant s'appliquer à l'art décoratif, soit extérieurement, soit intérieurement.

Nous commencerons par quelques explications sur l'opération du moulage proprement dit.

L'objet que l'on veut reproduire est moulé en plâtre de façon à obtenir un creux dit, en terme de moulage, creux perdu. Ce moule, comme on le sait, est toujours d'une excessive finesse de détail, et, si l'épreuve faite dans ce creux par le coulage du plâtre ou d'autres matières, ne représente pas toutes les délicatesses premières du modèle, c'est que l'huile et le savon employés pour empêcher l'adhérence, empâtent ces détails qui, de plus, sont encore altérés par le frottement du pinceau qui sert à étendre le corps gras. Cet inconvénient n'existe pas pour la reproduction à l'aide du caoutchouc.

Le moule en plâtre étant bien séché à l'étuve, on applique à la surface intérieure une très-légère couche liquide de caoutchouc dissous dans le sulfure de carbone, et contenant, en même temps que le soufre nécessaire pour son durcissement lors de l'opération de la vulcanisation, les substances colorantes destinées à donner la nuance voulue à l'objet reproduit. Cette première couche une fois sèche, ce qui a lieu au bout d'une heure ou deux, on donne une seconde couche avec une dissolution contenant moins de dissolvant et étant par conséquent moins claire; on laisse sécher et l'on continue ainsi jusqu'à ce que l'épaisseur de ces différentes couches soit jugée suffisante. Le moule garni de son caoutchouc est alors mis dans une chaudière et soumis à l'action de la vapeur, sous une pression de quatre atmosphères, pendant huit ou dix heures. Le caoutchouc se vulcanise et devient complétement dur, résistant, analogue à la corne ou à l'ivoire, ayant de plus, comme on sait, l'avantage de ne pas être sensible à l'action de l'humidité. Au sortir de la chaudière, on trempe le tout dans l'eau, puis on enlève le plâtre et on nettoie la surface de l'objet avec une brosse mouillée très-dure.

Des reproductions de médailles, d'objets artistiques divers, des mains moulées sur nature, une femme couchée vue de dos et moulée d'une seule pièce, ont été remarquées avec le plus vif intérêt dans les expositions de MM. Aubert, Gérard et Cie; ces différentes pièces ont, par leur finesse d'exécution vraiment extraordinaire, montré le parti que l'on peut tirer de cette curieuse et remarquable invention. La société d'ethnographie se propose de faire exécuter par ces fabricants les divers types de races humaines, de façon à pouvoir posséder des spécimens d'une extrême délicatesse.

Les grandes pièces et objets divers en caoutchouc durci, de

couleurs variées et mélangées, sont aussi une des nouveautés remarquables.

C'est encore à la maison Aubert, Gérard et Cie, que l'industrie du caoutchouc en est redevable. On a pu voir, dans l'exposition de leur usine de Harbourg, section prussienne, des spécimens très-beaux et très-nouveaux de ce genre de fabrication : des colonnes de 3^{m}50 de hauteur, des corniches, plinthes, cymaises, tables, etc, soutiennent la charpente de la vitrine ; elles sont ornées de moulures très-fines et délicates, leur surface, d'un très-beau poli, offre l'aspect d'un marbre à fond rougeâtre. Des bornes de grandes dimensions, reliées par de grosses chaînes, également en caoutchouc durci, placées sur le devant de cette grande et curieuse vitrine, montrent de beaux spécimens de cette nouvelle application. Un très-grand vase, imitant d'une façon extraordinaire le jaspe sanguin, est l'objet le plus remarquable parmi ces différentes grosses pièces ; le diamètre de la vasque a plus de 1 mètre et la hauteur est de 1^{m}20. La série complète des souverains français, depuis Pharamond jusqu'à Napoléon III, a été moulée en caoutchouc sur la collection des médailles de la Monnaie, et toutes ces reproductions, d'une grande finesse d'exécution, ont été incrustées, soit dans un champ se trouvant un peu au-dessous du bord de la vasque, soit autour de la partie supérieure du pied.

Toutes ces pièces sont creuses et varient d'épaisseur proportionnellement à leur grandeur ; les bornes et colonnes ont de 20 à 30 millimètres d'épaisseur. Elles sont obtenues dans des moules creux, à l'aide de carbonate d'ammoniaque, ainsi que cela se pratique dans la fabrication des ballons.

CHAPITRE IV.

PRODUITS DIVERS EXPOSÉS.

Parmi les fabricants français, on distingue la maison Aubert,

Gérard et Cie, qui, seule dans l'Exposition, a présenté des produits nouveaux. Nous en avons déjà parlé précédemment, il suffit de rappeler ses semelles, ses moulages et grandes pièces de durci sur découpage de fil en chaîne, et ses obturateurs réunissant le caoutchouc souple au durci. On voit encore dans leur vitrine une application nouvelle, l'emploi du collodion, servant à recouvrir les fils métalliques conducteurs destinés à la télégraphie, et remplaçant avantageusement, sous certains rapports, l'emploi de la soie, de la gutta-percha ou du caoutchouc. Cet enduit, d'une très-grande souplesse, possède une propriété isolante complète; un fil recouvert d'une couche de 1/40e de millimètre peut être impunément plongé dans de l'eau acidulée par 10 pour 100 d'acide sulfurique sans laisser passer la moindre trace du courant; mais en revanche il laisse passer le courant d'induction comme le ferait un fil non couvert. Il a le grand avantage de ne pas devenir cassant ou poisseux, et de pouvoir supporter l'action de l'air et de la lumière sans altération. On a pu en juger par les échantillons exposés; leur fabrication remonte à deux ans, et depuis plus d'une année, ils étaient placés en montre au grand jour dans les magasins. Ses autres produits sont, pour la qualité et la confection, semblables à ceux des autres maisons importantes, qui, toutes, ont exposé des produits fort beaux; on doit cependant remarquer, dans son exposition, des plaques de caoutchouc parfaitement lisses des deux côtés, de 3m50 de longueur sur 1m10 de largeur et 30 à 40 millimètres d'épaisseur; un matériel de presses à vulcaniser exceptionnelles permet, à cette seule maison en France, croyons-nous, d'obtenir des pièces d'une aussi grande dimension.

La maison Hutchinson, Poisnel et Cie a présenté de nombreux spécimens de sa fabrication de chaussures, par-dessus, en caoutchouc, qu'elle fait très-bien et très en grand depuis longtemps. Elle a seule, en France, exposé le genre de tapis, très-connu en Angleterre sous le nom de kamptulicon; c'est, comme on le sait, du liége réduit en poudre, aggloméré au moyen d'une faible quantité de caoutchouc et mis ensuite en feuille au moyen d'un laminage ; son usage est très-répandu en Angleterre depuis cinq ou six années ; un de ces tapis avait été placé à l'entrée de la classe 44, dans la partie joignant la rue de Normandie. Des courroies de divers échantillons sont d'une fabrication très-soignée.

La maison Guibal et Cie a exposé des objets divers de fabrication courante, tels que chaussures, par-dessus, vêtements, tuyaux, plaques, etc. Leur fabrication, ainsi que nous l'avons dit plus haut, ne laisse rien à désirer.

Nous ferons le même éloge des produits en caoutchouc de la maison Rattier et Cie; mais nous devons de plus insister sur les objets en gutta-percha, exposés par elle ; ils sont très-remarquables tant sous le rapport de la qualité du produit que sous celui de leur belle exécution. Les fils télégraphiques, recouverts de gutta exposés (classe 64, section télégraphique), ont leur enveloppe très-égale d'épaisseur et bien homogène. Nous avons personnellement reconnu leur bonne qualité et leur durée lorsqu'ils sont exposés à l'air, cause, comme on le sait, extrêmement fréquente de détérioration.

La maison Daubrée a exposé un très-beau clapet rond de 1m50 de diamètre et lisse des deux côtés ; elle a aussi des cylindres recouverts de caoutchouc durci très-bien réussis.

L'*India Rubber and Co* a une exposition d'objets divers très-soignés, beaucoup de caoutchouc orange, y compris un beau clapet rond.

M. Casassa a une collection de produits bien faits ; ses courroies, plaques et autres gros objets, sont d'une fabrication belle et soignée.

On doit adresser les mêmes éloges à MM. Torillon, Verdier et Cie, dont les produits exposés sont fabriqués d'une façon remarquable.

On a remarqué dans la vitrine de la maison Leverd et Cie, fabricant d'objets en gutta-percha, une grande pompe destinée à monter des acides ; son piston est en verre et glisse dans un cône creux en caoutchouc, faisant l'office de presse étoupe ; tout le restant de la pompe est en gutta. Cette construction est ingénieuse, bien entendue et nouvelle pour nous.

M. Galante a exposé, dans la classe 11, des objets et appareils spécialement destinés à l'emploi médical et chirurgical. Ils ont toujours cette exécution parfaite et bien entendue, qui, pour cette spécialité, avait fait depuis longtemps la réputation de cette maison.

Dans la section de l'Angleterre, la maison Warne et Cie a fait une exposition remarquable et très-soignée : beaucoup de petits objets faits avec une très-grande délicatesse, et portant le cachet d'une fabrication attentive et adroite. La très-grande partie est faite en caoutchouc orange, obtenu par un mélange avec du sulfure d'antimoine. Un dessus de table ou guéridon, en caoutchouc durci, ayant un échiquier incrusté, est une des jolies pièces de cette exposition.

La *Britannia Rubber et Kamptulicon*, Compagnie de Londres, a exposé un grand assortiment de tapis de liége et de caoutchouc (kamptulicon), d'une bonne et belle exécution. Et, dans une vitrine séparée, une quantité considérable de petits objets en caoutchouc durci, tels que peignes, broches, épingles, chaînes, etc. La fabrication est soignée, et on reconnaît dans la gravure la main d'ouvriers habiles.

Nous retrouvons M. Alexandre Parkes, bien connu des fabricants de caoutchouc par sa découverte de la vulcanisation au moyen du chlorure de soufre. Il a exposé un produit, déjà montré par lui à Londres, en 1862, et auquel il avait donné le nom de Parkesine; c'est une substance dure et résistante, très-semblable au caoutchouc durci, mais n'étant pas naturellement noire comme ce dernier, elle peut-être colorée très-facilement par son mélange avec différentes couleurs en poudre, et l'on peut même l'obtenir transparente avec un reflet jaune clair, qui lui donne l'aspect de l'écaille blonde.

Peu de changements sont survenus depuis cette époque dans la constitution physique du produit, très-bien décrit du reste par M. Barral, dans son Rapport sur l'Exposition de Londres; des modifications importantes ont été apportées dans le mode de fabrication, surtout au point de vue industriel et économique; ainsi, pour n'en citer qu'un exemple, la dissolution ou mise en pâte du coton-poudre, base de la composition, qui avait lieu à l'aide de l'éther additionné d'alcool, se fait maintenant en grande partie avec de la nitrobenzine; mais si l'action de ce dernier dissolvant est active, énergique, et diminue sensiblement le prix de revient, en revanche, elle laisse aux produits une odeur tenace et désagréable, qui, à notre avis, doit être préjudiciable à la vente de petits objets de luxe et d'élégance ou tout au moins d'un usage journalier, tels que porte-monnaie, boutons, manches de couteaux, dos de brosses, peignes, etc., que l'on voit exposés en grand nombre dans la vitrine de l'inventeur.

En Russie, la Compagnie Russe et Américaine de Saint-Pétersbourg présente un ensemble de fabrication remarquable; son existence remonte à peu d'années, huit ou neuf ans au plus, croyons-nous, et cependant elle peut compter aujourd'hui comme une des grandes et belles fabriques d'Europe. La fabrication des chaussures, des par-dessus, est très-soignée et très-importante, les échantillons exposés ne laissent rien à désirer. Les courroies sont fort belles, elles sont généralement plus raides que celles fabriquées en France et en Angleterre; elles ne nous en paraissent pas moins bonnes cependant. Les vêtements et objets divers sont d'une bonne fabrication; enfin, une très-belle feuille épaisse, lisse des deux côtés et d'une longueur d'environ 3 mètres, vient seule rivaliser avec celles exposées par la maison Aubert, Gérard et Cie, et indique de grandes et puissantes presses à vulcaniser parmi le matériel de l'usine.

Dans la section de l'Autriche, M. Reithoffer, de Vienne, possède deux expositions : l'une, dans la galerie des machines, pour ses caoutchoucs souples; l'autre, dans l'intérieur du palais, pour ses chaussures, par-dessus, ballons, objets divers, et pour la fabrication de peignes en caoutchouc durci. Tous ces différents produits sont généralement beaux et d'une bonne fabrication. On a beaucoup remarqué un tuyau à spirale, avec caoutchouc orange à l'extérieur, dont la longueur est de 82 mètres en un seul bout, et un autre, avec toile intérieure entre les couches de caoutchouc, d'une longueur de 174 mètres; ces longueurs tout à fait exceptionnelles pour des tuyaux faits sur mandrin, sortent du mode de fabrication ordinaire. Sans chercher à indiquer les moyens par lesquels on a pu les obtenir, bornons-nous à dire que, quel que soit le mode employé, cela n'a été nullement au détriment de leur bonne confection et de leur qualité.

Dans le grand-duché de Bade, la compagnie américaine de Mannheim a exposé des peignes, des chaînes, anneaux, etc., plaques, dessus de guéridon imitant le marbre; ces objets, surtout les peignes, sont d'une belle et bonne fabrication.

En Prusse, MM. Fonrobert et Reymann, de Berlin, ont exposé les diverses séries d'objets en caoutchouc souple; c'est en général une bonne fabrication, mais nous n'avons rien trouvé à signaler d'une façon particulière. En Prusse également se trouve l'exposition de l'usine de Harbourg-sur-Elbe, succursale de la maison Aubert, Gérard et Cie, de Paris. C'est sans contredit la plus remarquable et la plus complète de l'Exposition. En outre des grandes pièces en caoutchouc durci dont nous avons parlé plus haut en indiquant les nouveautés, on y voit un choix de tapis en relief avec inscriptions et dessins les plus variés (spécialité de cette maison), de grands clapets et d'énormes feuilles lisses des deux côtés d'un poids de plus de 200 kilogrammes et ne présentant pas la plus légère imperfection; des vêtements, chaussures, et les objets les plus variés qui constituent l'industrie complète du caoutchouc. On a pu y remarquer une série de balles et ballons, de jouets ou figures moulées; on pourra se faire une idée de l'énorme fabrication de cette usine par un détail, celui de la production des balles et ballons gris ou peints : elle a été, cette année, d'une moyenne de 34,000 par jour. La production totale d'objets en caoutchouc est supérieure à 3,500 kilogrammes par jour.

Bien que cela sorte un peu du cadre de ce rapport, nous croyons devoir parler ici d'une application de la gutta-percha qui tient à l'Exposition Universelle une place importante ; il s'agit de la confection des moules destinés aux reproductions galvanoplastiques.

On sait que depuis longtemps déjà, on est arrivé à obtenir, avec la gutta, des moulages creux de pièces sans dépouille ; creux, qui peuvent supporter le séjour dans les bains de dépôt galvanique, et que, grâce à son emploi, bien des pièces d'orfévrerie qu'on était obligé de faire par morceaux ajustés, sont maintenant obtenues d'une seule pièce, avec une perfection et un fini de moulage tout à fait irréprochables. La maison Christofle, qu'il faut toujours citer quand on parle d'orfévrerie galvanique, nous a montré cette année des spécimens bien réussis en ce genre, obtenus dans des creux de gutta-percha.

Mais ce qui donne une importance industrielle véritable à cet emploi de la gutta et qui marque un progrès réalisé depuis l'Exposition de 1862, c'est le moulage et la reproduction galvanique en cuivre de grandes pièces d'architecture et de statuaire, reproductions jusqu'ici réservées à l'industrie des fondeurs.

M. Oudry, après avoir créé l'usine électro-métallurgique d'Auteuil pour le cuivrage par dépôt galvanique des grandes pièces d'ornement en fonte, but qu'il a atteint, on le sait, d'une manière remarquable (la décoration actuelle de nos rues et de nos places publiques en fait foi), a songé à reproduire, par le moulage à la gutta-percha et le dépôt électro-chimique du cuivre, les beaux modèles de statuaire et d'architecture antiques ; il a réussi malgré la grandeur des pièces à reproduire le détail de l'ornementation. C'est ainsi, pour ne citer qu'un exemple de ce genre de reproductions, qu'il a exécuté, pour le musée du Louvre, un exemplaire en grandeur naturelle de la célèbre colonne Trajane.

CHAPITRE V.

MATÉRIEL ET PROCÉDÉS DE FABRICATION DES ESSENCES (1).

Jusqu'ici les divers procédés employés pour séparer au préalable, dans la gemme, la térébenthine des matières étrangères (sable, écorce, etc.) avant de la soumettre à la distillation, reposaient tous sur un filtrage, soit au soleil, soit dans des sacs portés à l'étuve et réchauffés par un courant de vapeur. Il résultait de ce mode de travail une perte considérable de térébenthine retenue par les matières filtrantes, une coloration de la matière, par son chauffage prolongé en présence de l'air et de matières ligneuses, enfin une perte d'essence assez considérable par l'évaporation spontanée pendant l'opération.

M. Labayle, au moyen de l'appareil dont il a exposé le dessin et les produits, remédie à ces divers inconvénients; par son procédé, la gemme est épurée en quelques heures à l'abri du contact de l'air et, par conséquent, sans perte d'essence et sans coloration; de plus, la quantité de térébenthine non extraite est limitée à peu près exactement à celle qui est nécessaire pour imbiber les matières étrangères qu'elle contient, puisque M. Labayle, au lieu de se servir de filtres, opère par décantation. Son appareil se compose de deux alambics dont le premier est placé assez haut pour pouvoir se vider dans le second; il sert de réservoir à décantation et ultérieurement de vase distillatoire pour les secondes essences et les goudrons; il peut à volonté être chauffé par de la vapeur

(1) Cet article eût pu être placé à la classe 51; mais il a paru trop court pour y être isolé.

à une faible pression ou par de la vapeur surchauffée à 200°. On y introduit la gemme brute et on chauffe à une température un peu supérieure à 100°, jusqu'à ce que l'on voie passer dans le réfrigérant une certaine quantité d'eau condensée et entraînant de l'essence de térébenthine avec elle; à ce moment, on est sûr que toute la masse contenue est parfaitement liquéfiée; on laisse en repos un certain temps au bout duquel la gemme est séparée en trois couches distinctes : au-dessus les écorces et débris organiques, au fond le sable et les matières lourdes, au milieu la térébenthine propre et sans la moindre coloration, surtout quand elle a été exploitée par le système Hugues. On décante le plus près possible de la surface du dépôt inférieur, par un tube qui conduit la matière pure dans le second alambic, et on met une nouvelle charge; lorsque, après plusieurs opérations successives, les dépôts supérieurs et inférieurs forment un volume suffisant dans la cucurbite, on remplace la vapeur ordinaire par de la vapeur surchauffée à 200° et on distille pour secondes essences et goudrons.

Le second alambic, lorsqu'il est suffisamment rempli de térébenthine, est chauffé immédiatement à 200° et donne, comme on peut le comprendre, des produits remarquablement beaux.

Nous n'avons pas de chiffres sur les rendements obtenus par M. Labayle; cependant, il est évident pour nous que ce nouveau mode de traitement doit être fort avantageux et bien supérieur à ceux employés jusqu'à ce jour, en ce que non-seulement il procure une forte économie, ce qui est déjà un grand point, mais que, de plus, les produits obtenus sont beaucoup plus beaux et plus considérables.

Paris. — Imp. Paul Dupont, rue de Grenelle-Saint-Honoré, 45.

www.ingramcontent.com/pod-product-compliance
Ingram Content Group UK Ltd.
Pitfield, Milton Keynes, MK11 3LW, UK
UKHW020438220726
13923UKWH00005B/2202

9 782019 956684